中国核学会科学家画册·理事长系列

汪德熙

中国核学会编写

中国原子能出版社

图书在版编目(CIP)数据

汪德熙/中国核学会编.—北京:中国原子能出版社,2021.1
(中国核学会科学家画册. 理事长系列)
ISBN 978-7-5022-9914-9

Ⅰ.①汪… Ⅱ.①中… Ⅲ.①汪德熙(1913-2006)—传记—画册 Ⅳ.①K826.13

中国版本图书馆CIP数据核字(2019)第154867号

中国核学会科学家画册理事长系列·汪德熙

出版发行 中国原子能出版社（北京市海淀区阜成路43号 100048）
策划编辑 王 朋 付 真 付 凯
责任编辑 胡晓彤
书籍设计 赵 杰 马世玉 崔 彤
封面设计 马世玉 赵 杰
责任校对 冯莲凤
责任印制 潘玉玲
印 刷 北京卓诚恒信彩色印刷有限公司
经 销 全国新华书店
开 本 889 mm×1194 mm 1/12
印 张 11
字 数 203千字
版 次 2021年1月第1版 2021年1月第1次印刷
书 号 ISBN 978-7-5022-9914-9 **定 价** 120.00 元

网 址:http://www.aep.com.cn E-mail:atomep123@126.com
发行电话:010-68452845

《中国核学会科学家画册·理事长系列》

编委会名单

总 序

核科学技术作为国家战略性高科技，在保持国家核战略威慑力量、促进能源结构调整、带动高端装备制造业升级、提高综合国力等方面，具有极其重要的战略地位和作用，党和国家始终高度重视。中国老一辈的核科技工作者们以报效祖国的热情和坚韧卓绝的意志，开创了“两弹一艇”的宏伟事业，为中华民族屹立于世界之林奠定了基础。一代代核科技工作者，用忠诚、信仰、学识、青春甚至生命，铸就了爱国、创新、求实、奉献、协同、育人的中国科学家精神。不管时代如何变化，这种精神始终能够薪火相传并愈加焕发出勃勃生机，召唤激励着更多科技工作者披荆斩棘、砥砺前行。

1980 年，为配合改革开放和对外交流的需要，促进中国核科学技术的发展，中国核学会应运而生，第一届理事会中共有 8 名“两弹一星”功勋奖章获得者，为中国核学会的发展奠定了一流的学术基础和优良的工作传统。近 40 年来，在历任理事长王淦昌、姜圣阶、汪德熙、钱皋韵、王乃彦、李冠兴院士等老一辈科学家的倡导和培育下，中国核学会发展成为一个拥有近万名个人会员、189 家会员单位、8 个工作委员会及 43 个专业分会，联系 23 个省核学会的全国性科技社团，参与组建了中国科协创新融合学会联合体及清洁能源学会联合体，在推动我国核科技产业发展方面发挥了积极作用。

今天，在全球倡导绿色能源和低碳经济的时代背景下，我国的核事业迎来了新的发展机遇。中国核学会立足国家大力发展核科技事业的良好契机，按照第九届理事会确定的“积极向‘国际一流学会’迈进”的目标，坚持为科技工作者服务、为创新驱动发展服务、为提高全民科学素质服务、为党和政府科学决策服务，把广大核科技工作者的积极性、主动性和创造性凝聚到建设创新型国家的伟大事业中来。

我们编写《中国核学会科学家画册》系列丛书，旨在纪念为中国核学会发展付出心血的核科技工作者，记录近40年来中国核科学事业不断探索前进的脚步，推动科学家精神更为广泛地传播，鼓舞和鞭策青年一代更好地承担历史使命。同时，我们也希望此丛书能向社会展示中国核学会和广大核科技工作者们为国家和社会发展做出的贡献，从而使更多的人理解和支持学会的工作，吸引和团结更多的人加入核科技工作者的队伍，共同谱写科技事业新的华彩乐章，汇聚起建设世界科技强国的磅礴力量！

全国政协常委

中国核学会党委书记、理事长

2019年7月7日

前　言

汪德熙先生是我国著名的高分子化学专家，是核化学化工事业主要奠基人之一。曾任原子能研究所副所长、中国原子能科学研究院科技委主任，中国核学会第三届理事长，中国核工业总公司研究生部主任，中国核工业总公司科技委高级顾问等。

汪德熙先生 1935 年毕业于清华大学化学系，1938 年在昆明西南联大任助教。1941 年赴美国麻省理工学院化工系学习，获博士学位。1946 年回国后，先后任南开大学教授、天津大学化工系主任。1960 年调入原子能研究所，1980 年当选为中国科学院学部委员（院士）。汪德熙先生是一位德高望重、卓有成就的科学家，早期从事高分子化学研究。20 世纪 50 年代研制不饱和聚酯玻璃钢。20 世纪 60 年代后从事核化学与核化工的研究，提出了解决核燃料后处理萃取流程乳化问题的设想，并组织热试予以证实，使新流程在工业上应用。在发展核武器方面，领导化学线在原子弹引爆中子源的研制，钋 -210 及其他放射源的研制，氚的提取和生产工艺研究，核爆炸当量的测定，核燃料的分析等方面作了大量研究，并起到了重要的组织领导作用。20 世纪 80 年代带领研究生在冠醚化学和高放废液最终处置领域进行研究。1990 年荣获全国“五一”劳动奖章，1999 年荣获“何梁何利基金科学与技术进步奖”。

本书由胡晓彤执笔。

目录

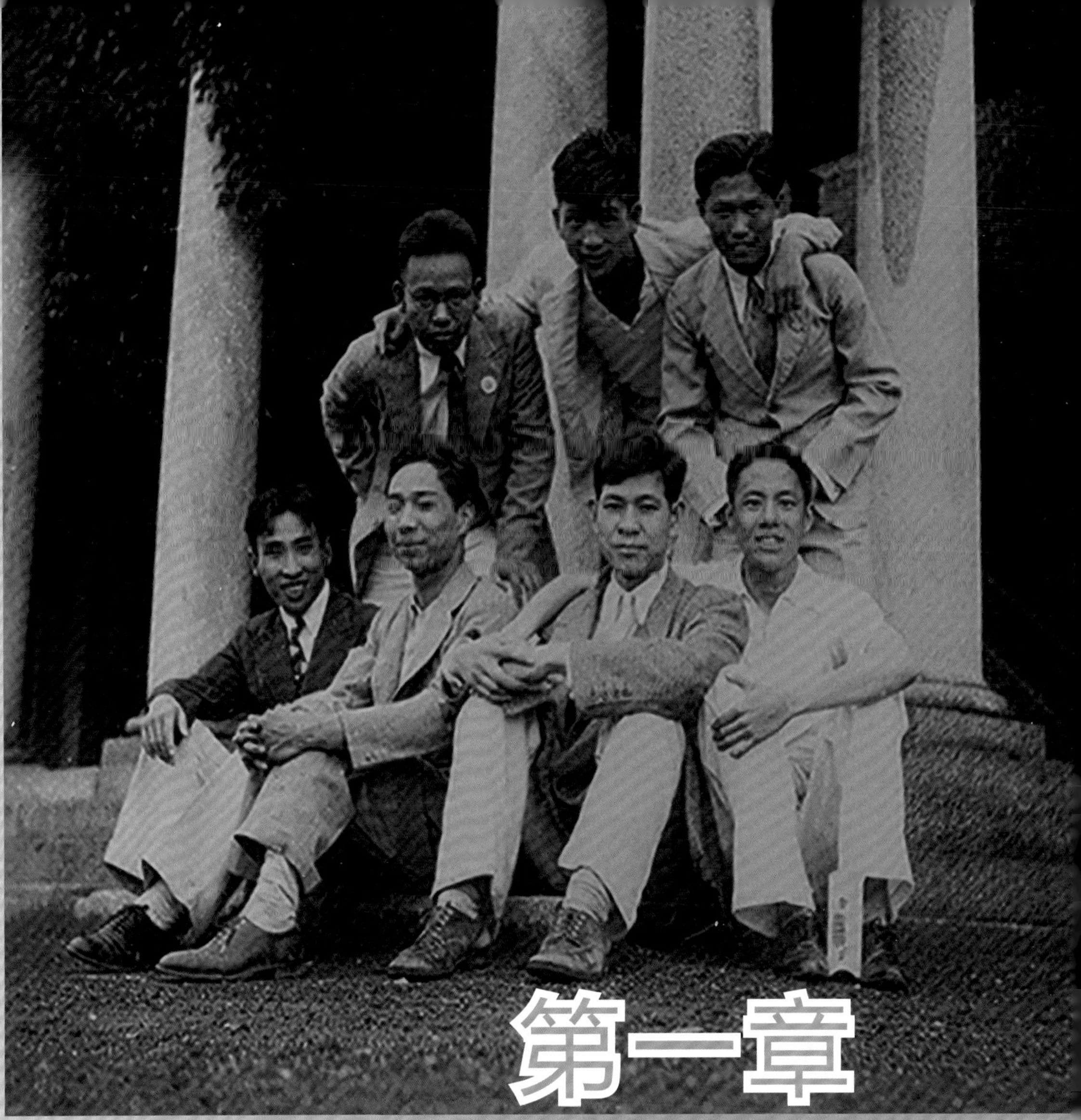

第一章

天资聪颖 刻苦学习

天资聪颖 刻苦学习

1913 年 9 月 27 日，汪德熙出生于北京，籍贯江苏省灌云县，兄弟四人，排行老三。父亲汪寿序（号雁秋）清朝末年秀才，曾任北洋政府农林部主事，但由于生逢乱世，空怀治国热情，无处施展抱负，父亲就把全部希望寄托在孩子们的身上。在父亲的谆谆教诲下，汪德熙受到了良好的教育熏陶。

汪德熙从小天资聪慧，勤奋好学。1929 年，16 岁的汪德熙以第一名的成绩考入北平师大附中。化学和历史是他最喜爱的两门课，对化学的浓厚兴趣引领着他走上了化工研究的道路，并为之矢志不渝。中华民族悠久辉煌的历史文化，使他骄傲并振奋，但由于鸦片战争之后，帝国主义的入侵，当时政府的腐败和懦弱，一个个丧权辱国条约的签订，使得他牢牢记住“国家兴亡，匹夫有责”，从此，心中萌发出报效祖国的决心，“为祖国的富强而学习”成为了他的座右铭。自此，汪德熙将个人奋斗目标和国家兴亡紧紧连在了一起。

1931 年，汪德熙中学毕业后，因为学习优异，当时有机会保送到几个不错的大学，但由于他对化学的热爱，毅然决然地放弃了保送的名额，选择报考清华并以名列前茅的成绩考入清华大学，秉承“自强不息，厚德载物”的校训，在良好的学术氛围中成长起来。

勤奋好学的汪德熙，每次进入图书馆，总是在闭馆铃响了最后一遍后才恋恋不舍地离去。做论文时，他从早到晚泡在实验室里，吃饭也在实验室里简单解决一下。本科学业完成后，汪德熙又考取了清华大学研究生继续深造。在此期间，他完成了《用农村纤维素原料制造人造丝纸浆》的毕业论文。

天资聪颖 刻苦学习

1923 年，汪德熙小学三年级的留影，是汪德熙最早的照片

1931 年夏，18 岁的汪德熙从北师大附中高中毕业

北师大附中同学合影，前排左起为力一（后曾任原子能所副所长）、方俨、汪德熙、崔兴亚，后排左为李宝慈、熊大缜、胡光世，熊大缜曾于 1938 年春赴冀中参加抗日活动，担任八路军冀中军区供给部部长

第二章

抗日冀中 助教联大

抗日冀中 助教联大

1937年，汪德熙从清华大学毕业后，在当时的北平中国大学讲授无机化学。恰逢“七七事变”，日军发动了全面侵华战争，中华民族陷入了空前的灾难之中。1938年春末夏初，清华大学留守天津的叶企孙教授专程赶到北平，动员汪德熙去河北任丘参加抗日工作，协助时任八路军冀中军区供给部部长的熊大缜研制烈性炸药。汪德熙到冀中后，在技术研究社中负责研制氯酸钾炸药。汪德熙与张方等同志在冀中克服物资短缺、日军封锁等重重困难，最终成功研制出了电雷管遥控起爆地雷，在抗日战场上发挥了极大的作用。

研制炸药成功后不久，汪德熙应邀到西南联大化工系担任张大煜先生的助教。在担任助教期间，汪德熙仍心系冀中前线。1939年，为了冀中人民抗日斗争的需要，他利用业余时间，一切从头开始，在研究设备十分简陋的实验室内，花了一年多的时间成功制备出硝酸铵——黑火药的原料。硝铵炸药研究完成之后，汪德熙继续完成了曾因抗战而停顿下来的题为《从中国农村纤维素原料制备高级纸浆》的研究论文。

1935年，汪德熙在清华大学化学系毕业后，考取研究生，跟随导师张大煜教授

1935 年，大学毕业时与同学的合影，右一为汪德熙

1937 年，“七七事变”后，清华大学南撤，汪德熙留在北平中国大学化学系任教。图为 1938 年春，汪德熙在中国大学留影

抗日冀中 助教联大

1938 年年底，受张大煜先生之邀，汪德熙赴昆明西南联大，继续跟随张大煜教授作研究工作并担任助教

小故事

炸毁日军列车

1937 年，“七七事变”爆发，社会动荡，民心惶惶，时处研二的汪德熙被迫辍学。任教于中国大学化学系，后在物理学家叶企孙先生的组织下同多位知识青年离开敌占区，到达了冀中抗日根据地，开始了为期 4 个月的抗日生涯。

汪德熙和他的战友们克服种种困难，利用截获的氯酸钾，研制成功爆速大的高级烈性炸药，破坏日军的铁路军火运输。

1938 年 9 月，汪德熙和战友们研制的炸药，成功炸毁日军军火列车一列，毙伤押车日军十余名！

相信这是一种从未有过的炸药。

——日本陆军部通报中这样写道

私はキリスト教徒です。（我是基督徒。）

——汪德熙为了进入冀中抗日根据地，打扮成传道士，特意学了几句日语。

第三章

求学海外 报效祖国

求学海外 报效祖国

1940年秋，清华大学恢复了赴美公费留学的项目，汪德熙以最高分数，考取了仅一个名额的美国麻省理工学院化工专业。1941年，汪德熙登上西渡的海轮，进入了久负盛名的美国麻省理工学院，开始了为期四年半的学习。为了拿下化工博士学位，首先要通过艰难的专业基础课和专业课的考试。他是那次考试中唯一通过的外国学生，为中国人争了光。1944—1945年期间，第二次世界大战进入最后的决战阶段，美国国内的军用物资非常匮乏，甘油紧缺。汪德熙的博士论文就是用电解还原葡萄糖制备能替代甘油的重要原料——辛六醇。由于当时被列为控制物资，他的研究成果未公开发表，至今保存在麻省理工学院的图书馆里。

1946年博士毕业后，美国有不少学校想聘请他，但是当时的中国正处于水深火热之中，急需人才的建设，而远在异国他乡的他无时无刻不在想念灾难深重的祖国和人民，汪德熙毅然决定回国。

1946年，汪德熙在美国麻省理工学院化工系获博士学位

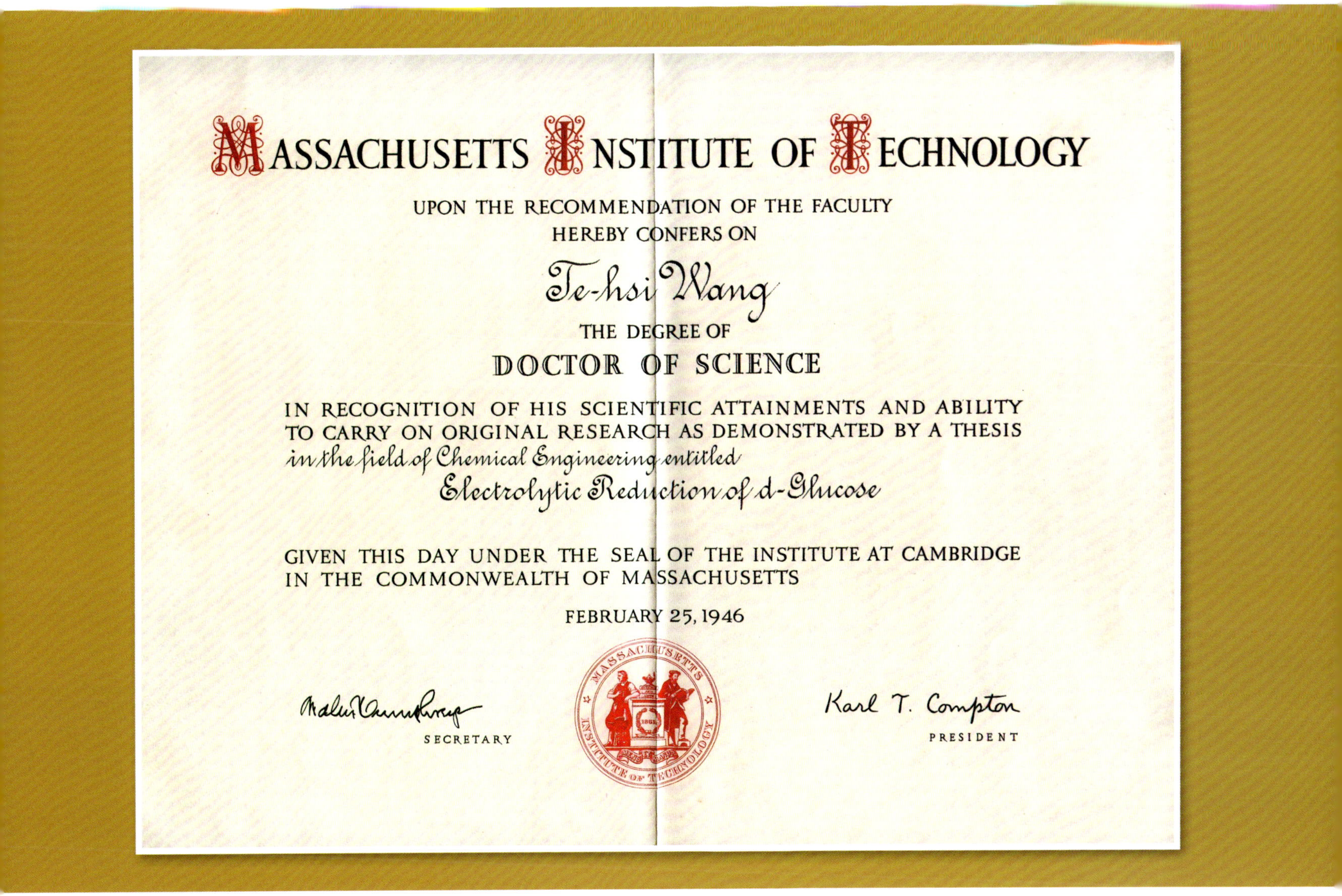

MASSACHUSETTS INSTITUTE OF TECHNOLOGY

UPON THE RECOMMENDATION OF THE FACULTY
HEREBY CONFERS ON

Te-hsi Wang

THE DEGREE OF

DOCTOR OF SCIENCE

IN RECOGNITION OF HIS SCIENTIFIC ATTAINMENTS AND ABILITY TO CARRY ON ORIGINAL RESEARCH AS DEMONSTRATED BY A THESIS *in the field of Chemical Engineering entitled*

Electrolytic Reduction of d-Glucose

GIVEN THIS DAY UNDER THE SEAL OF THE INSTITUTE AT CAMBRIDGE IN THE COMMONWEALTH OF MASSACHUSETTS

FEBRUARY 25, 1946

MASSACHUSETTS INSTITUTE OF TECHNOLOGY

SECRETARY

Karl T. Compton
PRESIDENT

美国麻省理工学院授予汪德熙的博士学位证书

1947 年，汪德熙回国，与妻子吴云于 3 月 11 日在上海结婚

20 世纪 40 年代，汪德熙在美国留影

第四章

教书育人 桃李天下

教书育人 桃李天下

1947 年 1 月，汪德熙来到南开大学化工系任教，立志要用在麻省理工学院学习到的教学办法，在中国造就一大批化工建设人才。正因引进了先进的教学方法，使他任课不久便成为颇受学生欢迎的年轻教授。中华人民共和国成立后，政府拨出可观的经费给南开大学用于教育建设，令风华正茂的汪德熙欣喜若狂。

1952 年，全国院系调整，汪德熙调入天津大学担任化工系主任。在他的努力下，天津大学化工系成为了国内名列前茅的学科，每年为国家输送 300 多名毕业生到国民经济建设岗位上。

作为一名优秀的高分子化学家，在正常教学的同时，他还在科研应用领域大显身手。他用邻苯三酚和糠醛制备塑料取得创造性成果，属国际首创，受到了国内外的重视。1958 年，他与同事们成功研制出聚脂玻璃钢并制成小汽车壳体。

1952 年，汪德熙调到天津大学化工系任系主任。图为 1952 年 7 月，汪德熙夫妇与将满周岁的女儿汪援合影

1957 年冬，汪德熙（左二）与同事出访莫斯科

1959 年，汪德熙（右二）与同事出访德国合影

1960 年 4 月，汪德熙（前排左四）调离天津大学时，与有机系党总支和高分子教研室同事在天津大学九号楼（行政楼）前合影

第五章

与核结缘 为国奉献

与核结缘 为国奉献

如果没有当时国家第二机械工业部的一纸调令，汪德熙怎么也不会想到这辈子还会与核工业搭上关系，并为之奋斗终身。1960 年的冬天，时任二机部部长宋任穷询问他的意见：“国家发展核事业很需要人才，现在把你这个搞化学的调来，不知你有什么想法？”汪德熙给出的回复是“我愿意”，简单的三个字，庄重的承诺，从此，他与核事业紧紧地连在了一起，把自己与国家核事业的发展连在了一起。

“我是祖国的一块砖，哪里需要哪里搬”，从此，他和核工业其他的优秀知识分子一样，成为了隐姓埋名、默默奉献的人。

汪德熙先后领导和组织了核燃料后处理萃取工艺、核武器引爆装置点火中子源研制、核试验用钋 -210 及其各种放射源的研制、氚的提取生产工艺、核试验当量的燃耗测定、核工业产品中的铀和钚及杂质的分析鉴定方法等一系列国防科研项目。他曾力排众议，主张废弃原沉淀法生产军用钚 -239 的工艺路线，改用萃取法，为后处理厂节省投资 3.6 亿元人民币，节省了上千吨的不锈钢，使我国核燃料后处理工艺大大地朝前跨进了一步。萃取法的科研设计和成功运转获得了 1978 年全国科学大会重大科技成果奖。

1980 年 10 月，汪德熙当选为中国科学院化学部学部委员（院士），后被任命为中国原子能科学研究院第一任科技委主任。在他的筹措下，从建立组织、确立科技委工作秩序，到卓有成效地完成一系列重大科研项目的论证、长远规划的审议以及成果评价等工作，科技委都发挥了在重大科学技术问题决策中的参谋作用。

1963 年，中国科学院原子能研究所学术委员会第一次会议合影，第二排右四为汪德熙

1961 年，汪德熙调到原子能研究所。全家人在原子能研究所专家楼前留影

与核结缘 为国奉献

1979 年，汪德熙（前排右二）随中国科学院化学代表团赴美国加利福尼亚州参观访问，与美国核化学家、诺贝尔奖获得者希博格教授及夫人合影，图中间高个子男士及身边女士为希博格教授与夫人

1979年，汪德熙（右一）随中国科学院化学代表团参观美国加利福尼亚州控制室，希博格教授正在讲解

1979年，汪德熙（左三）随中国科学院化学代表团参观美国加利福尼亚州实验室

1981 年 9 月，汪德熙恢复中国原子能科学研究所副所长职务后在办公室度过了 68 岁生日

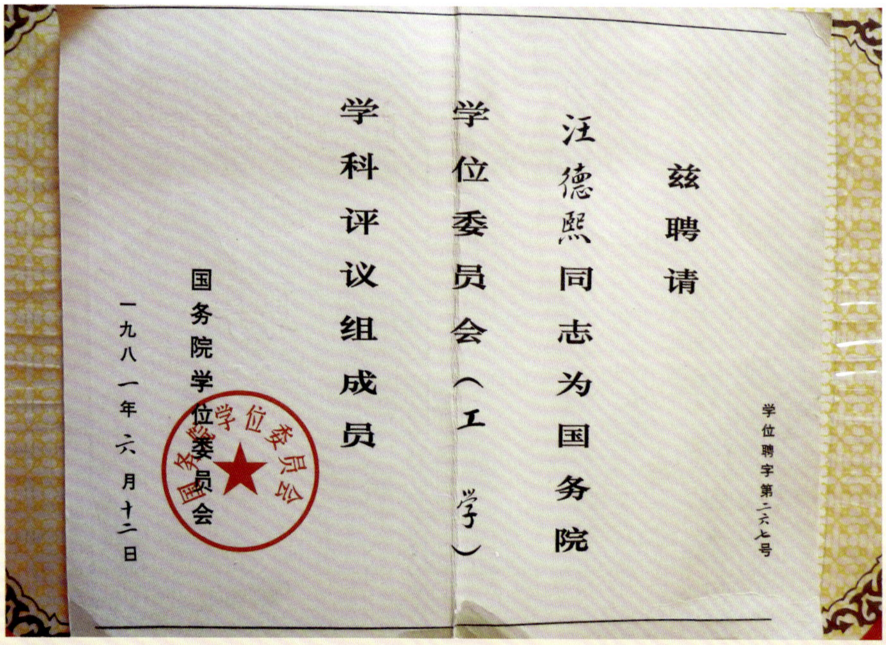

学位聘字第二六七号

兹聘请

汪德熙同志为国务院

学位委员会（工学）

学科评议组成员

国务院学位委员会

一九八一年六月十二日

1981 年，汪德熙当选国务院学位委员会（工学）学科评议组成员

1985 年，汪德熙（中）作为中国原子能科学研究院首任科技委主任接待来访外宾

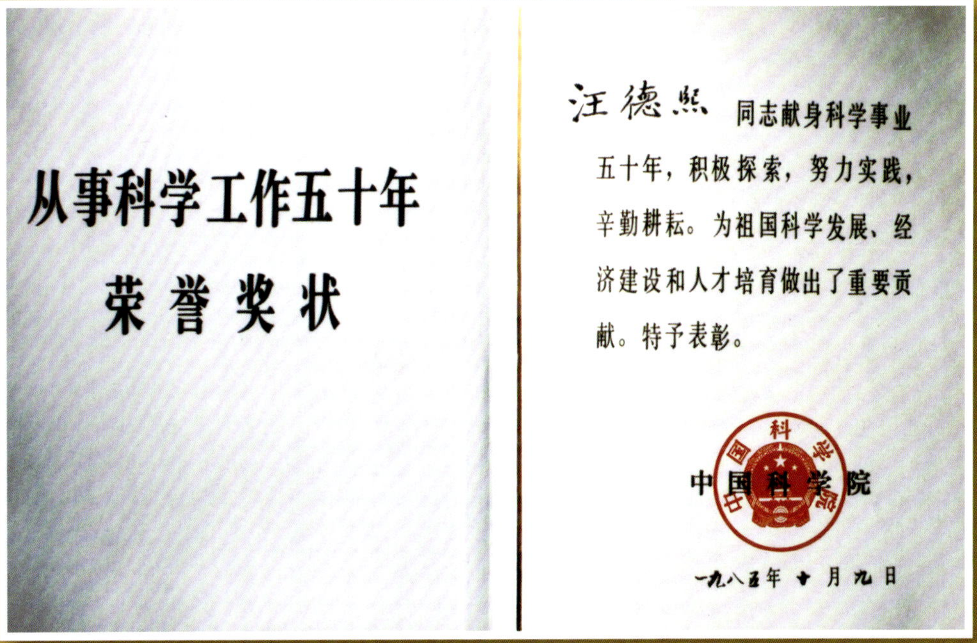

从事科学工作五十年

荣 誉 奖 状

汪德熙 同志献身科学事业五十年，积极探索，努力实践，辛勤耕耘。为祖国科学发展、经济建设和人才培育做出了重要贡献。特予表彰。

中国科学院

一九八五年 十 月 九 日

1985 年，中国科学院向汪德熙颁发从事科学工作 50 年荣誉奖状

20 世纪 80 年代，汪德熙（前排左二）会见外宾

20世纪80年代，汪德熙（前排左三）接待日本来访专家学者，前排左一为吴征铠院士

20世纪80年代，汪德熙（左三）与来访的美国著名核化学专家希博格教授（右三）、德国学者比格莱森教授（右四）在中国原子能科学研究院合影

与核结缘　为国奉献

20 世纪 80 年代，汪德熙（前排右一）参加军工史审查会议，前排左一为李寿楠，左四往右依次为李觉、王淦昌、刘书林、吴征铠、李毅；后排右三往左依次为钱皋韵、王传英、赵仁恺

20 世纪 80 年代，汪德熙（右四）与王淦昌院士参加在秦山宾馆召开的《核科学与工程》期刊编委会会议，图为代表合影

与核结缘　为国奉献

1985 年，中国原子能科学研究院化学部总结表彰合影，前排左五为汪德熙

1985 年，汪德熙（左）在中国原子能科学研究院化学部总结表彰会上发言

1985 年，汪德熙在核工业研究生部办公室

1985 年 6 月 11 日，汪德熙（前排左一）与同事在实验室参观留影

1986 年，汪德熙（右）与时任核工业部副部长姜圣阶访美，在洛杉矶留影

1986 年 9 月 3 日，汪德熙在国际核化学与放射化学学术会议上接受《科学报》编辑部记者采访

与核结缘 为国奉献

1986 年，汪德熙在中国原子能科学研究院化学部实验室

1987 年，汪德熙赴日本参加国际会议

与核结缘 为国奉献

1990 年 2 月，汪德熙作为“奋斗者的足迹”报告团成员，在北京理工大学作报告

1990 年 6 月，汪德熙在清河二十中学（现北京市第二十中学）向学生作报告

1990 年，汪德熙（左）在上海第三届全国核化学与放射化学会议闭幕式上受奖

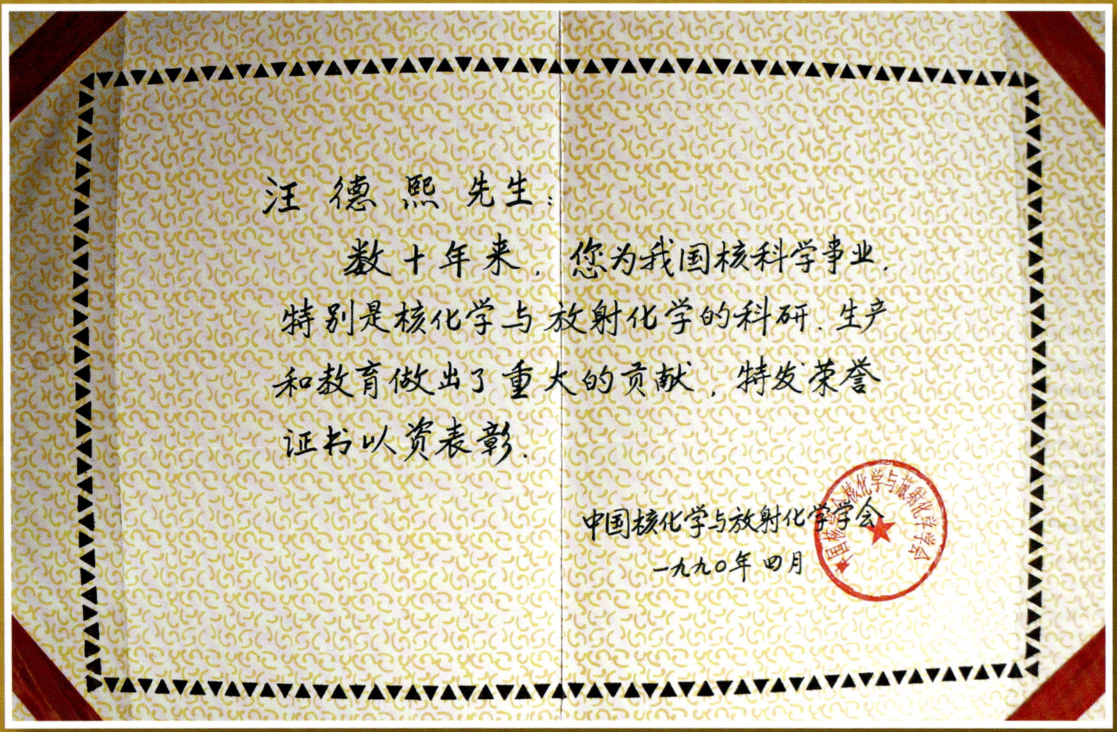

1990 年，中国核化学与放射化学学会为汪德熙颁发荣誉证书

1990 年，汪德熙在上海第三届全国核化学与放射化学会议作报告

1990 年春节，时任核工业部部长蒋心雄到汪德熙（左）家中拜年

1990 年 1 月 22 日，中国原子能科学研究院第二届科技委合影，前排左二为黄胜年，左六往右依次为王方定、汪德熙、孙祖训，李福恒、肖伦

1990 年，汪德熙（前排左五）在秦皇岛参加后处理中试厂设计评审会。前排左二为钱皋韵、左四为姜圣阶

1990 年，中国科学院学部委员化学部全体会议代表合影，前排左三为吴征铠、右一为汪德熙，后排左五为肖伦、左十为汪家鼎

1991 年，中国原子能科学研究院“五四”青年学术论文代表合影，前排左五为汪志勤，左八往右依次为肖伦、王淦昌、汪德熙

与核结缘　为国奉献

20世纪90年代，汪德熙（右一）在清华大学与汪家鼎教授及教师交谈

1991年4月，汪德熙参加维也纳国际学术会议

1992 年 7 月，核工业中低放退役方案论证会合影，前排左六往右依次为汪德熙、李定凡、王传英

与核结缘 为国奉献

1993 年 3 月，汪德熙与时任核工业部部长蒋心雄参加海峡两岸核能研讨会

1995 年，中国原子能科学研究院“五四”青年报告会评委与获奖同志合影，第二排左九为汪德熙

1996 年，汪德熙参加放射性洁净核能系统研讨会

1996 年 7 月，汪德熙（左四）、汪家鼎、何泽慧、钱皋韵等在西北马兰基地留影

1997 年 5 月 21 日，汪德熙（第二排右八）在北京参加第五届放射化学会议

1998 年 6 月 3 日，汪德熙（前排右三）参加中国科学院第九次院士大会，与化学部全体院士合影留念

汪德熙（左二）参加动力堆燃料后处理部分研究成果鉴定会

汪德熙周末在家中工作

荣誉墙

汪德熙同志长期从事
核工业建设，做出了贡献，
特颁发荣誉证书。
中华人民共和国核工业部
一九八五年十月

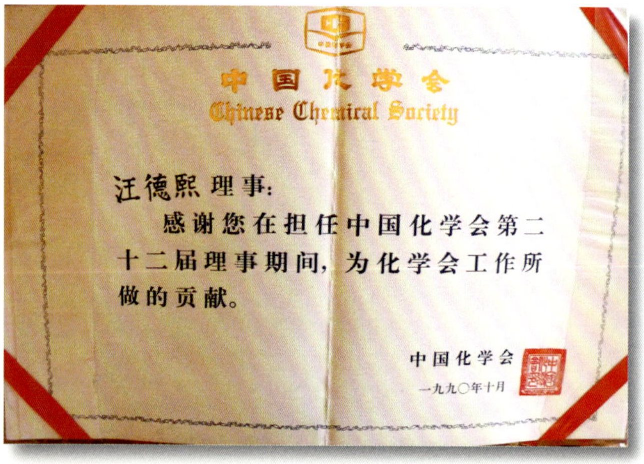

中国化学会
Chinese Chemical Society
汪德熙理事：
感谢您在担任中国化学会第二十二届理事期间，为化学会工作所做的贡献。
中国化学会
一九九〇年十月

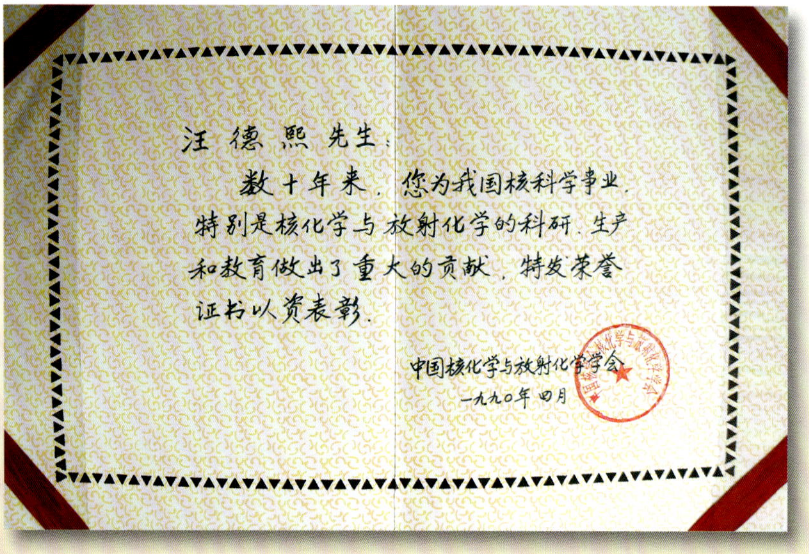

汪德熙先生：
数十年来，您为我国核科学事业，特别是核化学与放射化学的科研、生产和教育做出了重大的贡献，特发荣誉证书以资表彰。
中国核化学与放射化学学会
一九九〇年四月

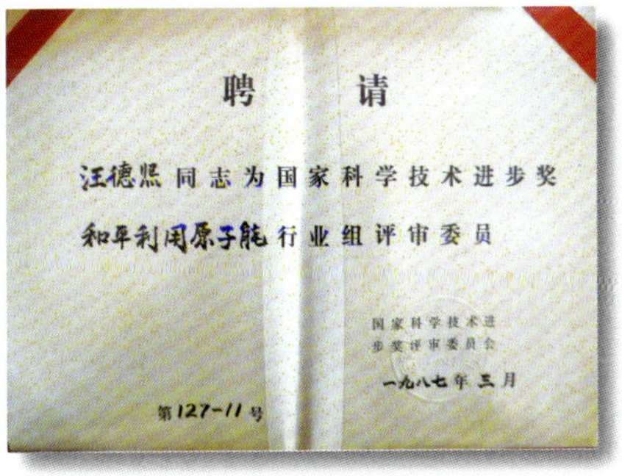
聘　　请
汪德熙同志为国家科学技术进步奖
和平利用原子能行业组评审委员
国家科学技术进步奖评审委员会
一九八七年三月
第127-11号

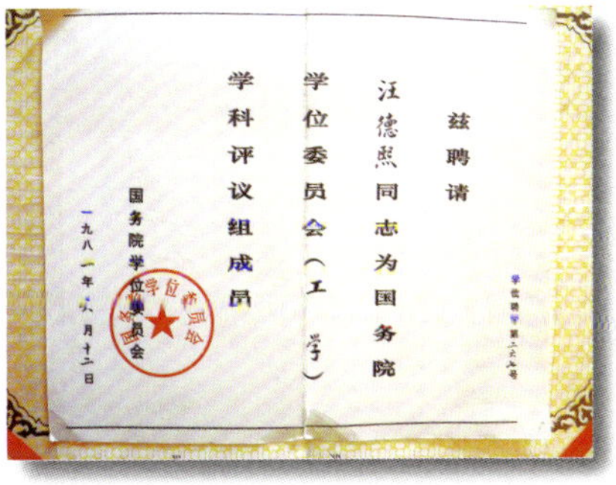
兹聘请
汪德熙同志为国务院
学位委员会（工学）
学科评议组成员
国务院学位委员会

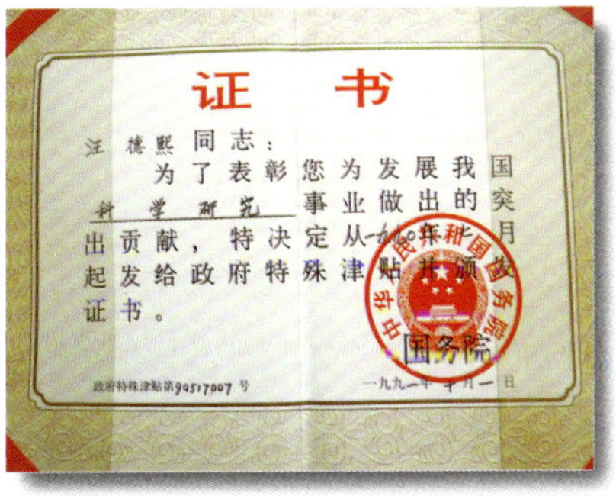
证　　书
汪德熙同志：
为了表彰您为发展我国
科学研究事业做出的突
出贡献，特决定从
起发给政府特殊津贴并颁
证书。
国务院

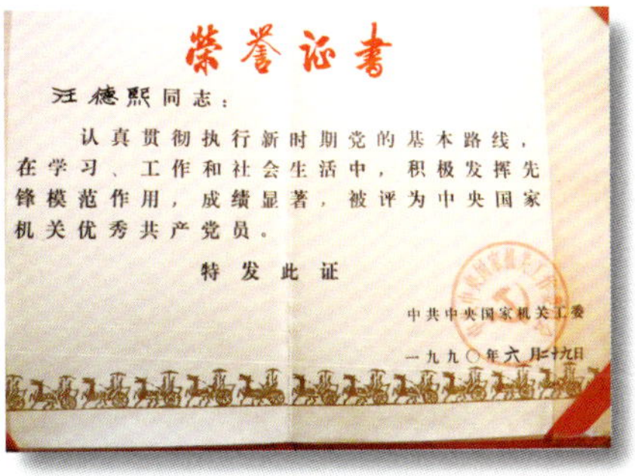
荣誉证书
汪德熙同志：
认真贯彻执行新时期党的基本路线，在学习、工作和社会生活中，积极发挥先锋模范作用，成绩显著，被评为中央国家机关优秀共产党员。
特发此证
中共中央国家机关工委

中央国家机关
优秀共产党员
中共中央国家机关工委

聘書
国家科学技术进步奖评审委员会

中国科学院
THE CHINESE ACADEMY OF SCIENCES
中国科学院荣誉章
表彰您对中国科学事业作出的贡献
赠给汪德熙学部委员
1989.11.1北京

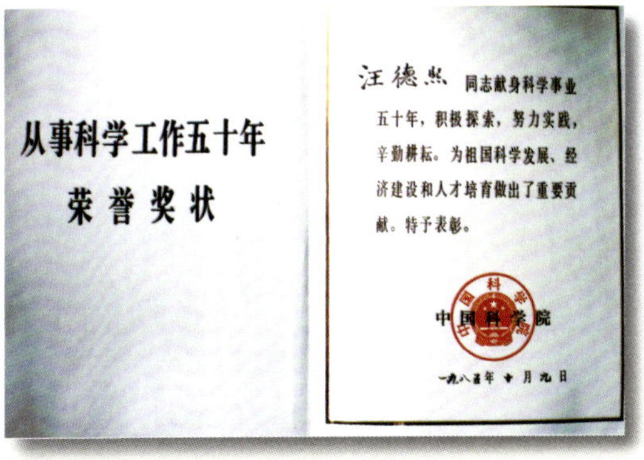
从事科学工作五十年
荣誉奖状
汪德熙同志献身科学事业五十年，积极探索，努力实践，辛勤耕耘。为祖国科学发展、经济建设和人才培育做出了重要贡献。特予表彰。
中国科学院

第六章

老骥伏枥 壮心不已

老骥伏枥 壮心不已

汪德熙一生关心年轻人科技人才的成长和培养。在 20 世纪 80 年代初，他建议核工业部尽快设立培养核工业所需的高级研究人才基地。在他的积极促进下，1985 年在中国原子能科学研究院成立了核工业研究生部，他被任命为研究生部主任。从设备到教师，从体制到教材，汪德熙事必躬亲，必须一一过问落实。

在 1986—1988 年三个学年里，汪德熙又重新登上了讲台，当时科技秘书担心汪老的身体，他笑呵呵地说道："和年轻人在一起，我也感到年轻。青年学生是我国科学的未来，我老了，但有责任为青年铺好路，好让他们早日起飞。"

晚年的汪德熙在担任领导和教学工作的同时，继续抓住一些前沿性的课题指导研究生进行研究，例如关于放射性核素在地质层和各类屏障材料中的吸附、滞留、扩散、迁移以及在地下水中的化学行为的研究等。多年来，他在分离科学技术、锕系元素化学领域培养出多名研究生。

1985 年，汪德熙重返讲台授课

1988 年，汪德熙与学生在实验室

1992 年，汪德熙在核工业研究生部办公室

1995 年 9 月 11 日，汪德熙参加核工业研究生部 10 周年校庆

老骥伏枥 壮心不已

1995 年 9 月 11 日，核工业研究生部成立 10 周年校庆隆重举行

1995 年 9 月 11 日，核工业研究生部举行 10 周年校庆大会，汪德熙在会上发言，看到 10 年来核工业研究生部取得硕果累累，心里由衷地高兴

汪德熙（左二）在核供热技术人员核基础理论培训开学典礼上讲话

汪德熙（中）在第 5 期核电英语班暨第 30 期 EPT 班开学典礼上讲话

老骥伏枥 壮心不已

1981年，汪德熙（第二排左五）担任原子能所职工教育委员会副主任委员期间，积极促进科技人员的英语口语培训。图为他与英语班学员合影

1988 年 7 月 15 日，核工业研究生部结业式后留影，第二排左六为汪德熙

1981 年 12 月，核工业研究生部第八期英语班结业合影，第二排右七为汪德熙

1993年春，汪德熙（左二）与王淦昌院士（中）参加核工业研究生部审查博导会议

第七章

耕耘学会 连接两岸

汪德熙担任中国核学会第一、第二届常务理事，第三届理事长，在任期间主要开展以下方面的工作：

一、国内学术交流（共举行各类学术交流会126次，发表论文8 000余篇，参加的科技人员近万人）。其特点：1. 每年有近 1/3 的以基础科学研究成果为主的交流，并且在加强基础研究的前提下，与应用开发研究相结合；2. 应用研究和开发成果交流占全年科技交流的大部分，这反映了调动大批科技力量和科技成果进入经济建设主战场的时代要求；3. 在学术交流活动中热心扶持青年科技人才的成长，已成为近年来学术交流中一个好的趋势。

二、国际及海外学术交往。1. 学会运用已建立的国际合作渠道广交朋友，积极组织国际学术会议，扩大了同国际核科技界的民间交往；2. 逐步开展海峡两岸的民间学术交流，推动两岸科技人员的交往与合作。

1993 年 3 月，在北京举行的海峡两岸核能研讨会是以学会理事长汪德熙教授和台湾新竹清华大学原子科学院院长苏青森教授的名义发起的。来自大陆和台湾地区的 77 位核科技专家（其中台湾地区 35 位）共聚一堂，共同探讨发展核电大业。会议认为，两岸的核科技交流是有基础的，技术经验是有互补性的。大陆发展核科技近 40 年，建立了比较完整的核工业体系，学科齐全，人才济济，在核科技领域取得许多重要成果，台湾同仁对此印象颇深。台湾地区有 20 年发展核电的历史，有三个核电厂，六个核电机组正在运行，核电已占全岛总发电量的37%。核电运行中的负荷因子和安全记录都较好，安全管制也严，这些经验值得借鉴。

三、反映专家建议。学会广泛团结各行专家，组织他们对国民经济发展中的重要课题向中央或有关部门提出建议，如“对秦山核电厂有关调试运行方面的建议”，时任副总理邹家华阅后批示：“这几条意见都很好”。

四、核科学普及和青少年教育。1. 举办青少年夏令营，向青少年普及原子核科学技术知识；2. 举办“希望杯”青年优秀论文评选活动；3. 举办“核能知识有奖竞答”活动；4. 开展多层次、多种形式的核科普活动。

五、学报及科技专辑的编辑出版。1. 学报——《核科学与工程》自1981年创刊以来，学报的综合质量进一步提高；2.《核技术》期刊被评为中科院优秀期刊；3.《核动力工程》获中国科协优秀学术期刊一等奖，《铀矿冶》获三等奖。

六、组织工作。除学会日常工作，还慎重、认真地根据中国科协要求推荐中科院院士，先后推荐王大中等15人当选为中国科学院院士。

耕耘学会 连接两岸

1982年秋，中国核学会第一次编辑工作会议合影。中排右起往左依次为杨钧涛、张沛霖、王淦昌、江涛、戴传曾、汪德熙

1985 年，第六届太平洋沿岸区域核能会议（PBMC-6）筹备委员会会议在桂林召开。第一排左三往右依次为赵仁恺、史维尼、王淦昌、史蒂文森、姜圣阶、汪志馨、汪德熙，杜坦布尔（右二）、吕广义（右一）

耕耘学会 连接两岸

1992 年，中国核学会核化工分会新一届理事会成员合影，第二排左四为汪德熙

1989 年 9 月 28 日，庆祝中华人民共和国成立 40 周年，王淦昌等著名科学家会见中青年科技工作者。大会主席台，自左至右依次为朱光亚、姜圣阶、王淦昌、陈能宽、汪德熙

1989 年 10 月，中国核学会庆祝中华人民共和国成立四十周年举行青年座谈会。前排自左至右依次为徐鸿桂、黄齐陶、朱光亚、王淦昌、姜圣阶、陈能宽、汪德熙、闵耀中

1991 年，中国核学会在北京举办全国核科技夏令营。前排右七往左依次为汪德熙、王淦昌、姜圣阶、黄齐陶、钱皋韵、王大中

1994 年 9 月，汪德熙（左二）担任中国核学会代表团团长，率中国核学会代表团访问台湾

1994 年 9 月，汪德熙率中国核学会代表团访问台湾，参观新竹清华大学核反应堆。左四往右依次为王传英、王大中（时任清华大学校长）、汪德熙

1994 年 9 月，汪德熙率中国核学会代表团访问台湾

1994 年 9 月，中国核学会首次访问台湾核能促进协会代表团到达台北合影，自左至右依次为钱剑秋、杨天禄、王大中、汪德熙、王传英、毛焕章、居克飞

中国核学会第三届理事会第一次会议合影（前排右起往左依次为吕敏、王大中、黄齐陶、汪德熙、周平、彭士禄、王传英）

耕耘学会 连接两岸

汪德熙在中国核学会第三届理事会上讲话

汪德熙（左二）、戴传曾院士会见外宾

中国核学会代表团访问美国，与美国核学会负责人合影（自左至右依次为赵仁恺、吕广义、汪德熙、姜圣阶）

耕耘学会 连接两岸

1994 年 8 月，中国核学会第三届理事会第二次会议合影，前排左九为汪德熙

1995 年，中国核学会新春联谊会，后排左七为汪德熙

耕耘学会 连接两岸

第9卷第2期　　核科学与工程　　Vol. 9 No. 2
1989年6月　　Chinese Journal of Nuclear Science and Engineering　　Jun. 1989

裂变的发现对化学发展的影响

汪德熙

（中国原子能科学研究院）

摘　　要

核裂变的发现导致核武器的生产和原子能和平利用的实现，并在世界范围建立了以核燃料循环为基础的核燃料工业。在这一发展过程中，无机化学、配位化学和分析化学获得了新生，得到了前所未有的发展、并促成裂变化学、氟化学、同位素分离、锕系元素化学等新学科以及溶剂萃取、离子交换等新化工过程的出现。本文对以上这些发展进行了论述并举一些实例加以说明。

Otto Hahn发现裂变，对化学所产生的影响十分巨大。概括起来，有两个方面：一个方面是由他证明铀被中子照射后发生了裂变这一事实本身所引起的，即裂变化学的出现以及放化分离分析方法的发展。另一方面，则是由于裂变的发现导致了核武器及和平利用原子能特别是核能发电的实现。而这方面的发展，要求建立起相应的核燃料循环体系，即核燃料的生产以及乏燃料*的妥善处理和处置，而在解决建立这一体系的过程中所遇到的化学和化工方面的技术问题，就带动了无机化学、配位化学和分析化学的发展并导致氟化学、同位素分离、萃取和离子交换化工过程以及锕系元素环境化学新的化学化工分支学科的产生。下面分别对这两个方面的影响加以阐述。

Otto Hahn发现裂变现象时，只知道铀裂变时产生了钡、镧等元素及其同位素，而在五十年后的今天，人们已经知道核燃料在裂变时产生原子序数从30至65的36种元素的600多种同位素，分布在元素周期表的每一个族。这些元素及其同位素的测定，不但对于核裂变理论的研究是不可缺的，而且在核爆当量测定和乏燃料燃耗测定方面也有重要的实用价值。因此，对于它们的分离分析方法，就得到较大的发展。

首先，由居里夫人创始，且被Otto Hahn完善并成功地用于确证裂变的载带沉淀法，已经大大缩短了分离所需的时间，例如从溶解液应用载带沉淀和分步结晶的方法分离测定钡-140和锶-89，只用两三个小时就够了。其次，由于分离鉴定短寿命和低产额的裂变同位素的需要，更快速的、选择性更好的分离分析方法如溶剂萃取和离子交换应运而

---

* 乏燃料是在反应堆中“烧”过即辐照过的燃料，俗称核“废料”，其中含有不少可回收利用的铀和钚，故称它为乏燃料较好。

1989年3月24日收到

裂变的发现对化学发展的影响——汪德熙

第6卷第1期　　核 科 学 与 工 程　　Vol.6 No. 1
1986年3月　Chinese Journal of Nuclear Science and Engineering　Mar. 1986

輕水堆燃料循环中的若干化学问题

汪　德　熙

（中国原子能科学研究院）

摘　要

本文围绕轻水堆核燃料循环中铀矿水冶、铀的浓缩、核残料的后处理及高放废液最终处置等环节中的化学问题，从技术、经济和安全角度论述了某些发展趋势并提出一些看法。文中最后强调综合研究核燃料循环最佳化的重要性。

核燃料工业，不论是堆前还是堆后，基本上都是化学工业。因此，化学对于核燃料循环的经济性和安全性关系极大，要想降低燃料循环的成本并保证各个环节在运转中和三废治理的安全，必须研究各个环节的化学问题。

本文着重讨论铀矿选冶、铀的浓缩和核残料[注]的后处理及其高放废液的处理处置方面的问题。因为这些环节对整个核燃料循环的成本影响较大，其中化学问题也较多。其它如元件制造，堆后的运输、中间贮存等环节，将另文讨论。

一、铀矿选冶

有关铀矿选冶技术的发展趋势已有报道[1]，本文只对某些具体问题做一些补充。

（一）在常规生产方法中，有两项技术很值得重视，一是加压浸出，一是新型氧化剂的采用。

我国对加压碱浸流程已积累了一定经验。加拿大学者认为采用加压浸出可将浸出时间从30小时减至4—6小时[2]。苏联除了已将加压浸出用于碱法生产，对酸法浸出也在研究用高压釜以提高经济效益。苏联学者认为，由于采用加压浸出可提高浸出率，缩短浸出时间，减少试剂消耗和能量消耗，设备投资可在一年半至二年时间内收回[3]。

对于酸法浸出，传统上用软锰矿（MnO_2）做氧化剂，但此法有其缺点，因此不断有人研究新型氧化剂。近年来澳大利亚的经验表明，使用H_2SO_5（过氧硫酸，Caros acid）做氧化剂比用H_2O_2代替传统的MnO_2效果好，可节约浸出酸耗15—20%，能使尾矿

注：核残料指在堆中烧过的卸下的燃料元件，其中尚有较多可以循环使用的铀和钚。

1985年11月21日收到。

轻水堆燃料循环中的若干化学问题——汪德熙

第八章

人才辈出 一门两院

人才辈出 一门两院

提到汪德熙院士，不得不追溯一下汪氏家族的历史。汪氏的先祖原籍安徽安庆，因灾荒无法生存，打算途径连云港去闯关东。当路过苏北灌云板浦镇的时候，看这里虽然不富裕，但是可以维持生计，于是就在这里落户了。祖父汪心培，在镇上一家杂货铺当会计，省吃俭用的积累下一点积蓄后就自己开了一家杂货铺，由于经营有方，日子过得越来越好，逐渐过上了富裕的生活。汪心培注重儿子的教育问题，把钱都花在儿子的读书上，一心培养儿子成才，苍天不负有心人，两个儿子分别中了举人、秀才。

汪德熙的父亲汪寿序排行老二，虽中了秀才，但当时恰值废科举，兴新学，于是进了创办不久的两江师范学堂（现东南大学的前身），学习农业，以优异的成绩毕业，之后曾担任北洋政府农林部主事。之后的生活中，汪寿序更加重视教育，全力培养儿子们，四个儿子都很争气，大学毕业后，三个儿子出国留学，获博士学位，两个儿子后来成为了中科院院士。正因为汪家两代重教育，所以才成就了之后的“一门两院士”的佳话。

1931年年底，四兄弟与父汪寿序、母李静珍合影留念。后排自左至右依次为汪德熙、汪德宣、汪德昭、汪德耀

1921 年，全家合影，右三为汪德熙

人才辈出 一门两院

1957 年，汪德熙一家四口在天津合影（儿子汪力，女儿汪援）

1957 年，父亲汪寿序 80 岁大寿，汪氏四兄弟携部分子女为父亲汪寿序祝寿合影，后排左三为汪德熙，左四为汪德宣，第二排左四为汪德耀，左五为汪德昭

1958 年 8 月，在天津大学工作的汪德熙夫妇到北戴河休养

1984 年，第五次学部（院士）会议在友谊宾馆召开，汪德熙（右）与二哥汪德昭院士交谈

1965 年，汪德熙夫妇合影

1976 年，汪德熙全家合影

1978 年，汪德熙出访美国，顺道拜访妻子吴云的二姐一家

20 世纪 80 年代，汪氏四兄弟在清华园，左二为汪德熙

人才辈出 一门两院

1986 年 2 月，汪德熙夫妇在中国原子能科学研究院家中

1988 年，汪德熙夫妇（右）与其兄汪德昭院士夫妇赴香港探亲

1988 年，汪德熙
夫妇在香港合影

人才辈出 一门两院

1995 年 12 月 16 日，中国科学院在友谊宾馆友谊宫庆贺二哥汪德昭九十华诞，左起汪德宣夫妇、汪德昭夫妇、大哥汪德耀、堂兄汪德钟、汪德熙夫妇

1995 年，汪德熙夫妇在原子能院新区东平街

2000 年，汪德熙（中）全家春节合影

第九章

艺术情怀 胜友如云

艺术情怀 胜友如云

汪德熙一生在科技的道路上熠熠生辉，在艺术领域也是璀璨耀眼，业余爱好广泛。在平日里喜爱音乐，如拉小提琴、弹钢琴、唱歌，还热爱下围棋、集邮、游泳等，十分热爱生活。

上小学时常跟父亲欣赏戏曲，中学时跟二哥汪德昭学拉小提琴，在清华大学学习时又拜师小提琴教师陆以循先生门下，在西南联大时向音乐教师刘振汉学习声乐与钢琴。

1941 年，汪德熙就读麻省理工学院时，曾和几名中国留学生组成了一个歌咏团，每星期在各大学进行演出，汪德熙担任领唱。在麻省理工学院的第三年，汪德熙因一篇出色的论文得到了 1000 美元的奖学金，他没有像人们通常做的那样先去买小汽车，而是买了一架旧钢琴，实现了他多年梦寐以求的愿望。1946 年汪德熙回国时，因钢琴不好携带，他没有带钢琴回国，却带回了一套精致的调琴工具。钱学森曾经说过："汪德熙教授，是一位钢琴家，有很高的音乐水平。"

晚年的汪德熙依然活跃在中核集团和原子能院举办的各种文艺晚会上，担任领唱。他驾着科学与艺术的双翼齐飞，让人们看到了这位科学家科研与教学之外的精神世界。

1943 年，汪德熙在麻省理工学院研究生宿舍练习拉小提琴

1986 年，汪德熙在家中研究五线谱

艺术情怀 胜友如云

1987 年 7 月，汪德熙
在烟台海滨游泳

1996 年 5 月，汪德熙
在家中弹钢琴

1988 年，汪德熙（右三）和一二九自行车队队员在钱伟长家聚会合影

艺术情怀 胜友如云

1994 年 11 月，原子能院老战士合唱团在庆祝核工业创建 40 周年文艺汇演中表演的合唱节目获奖，前排中为汪德熙

1994 年 10 月，汪德熙以 81 岁高龄参加老战士合唱团，在庆祝核工业创建 40 周年文艺汇演中表演合唱节目

1988 年，汪德熙夫妇（中）与同学聚会合影

1995 年，汪德熙（左二）参加彭桓武院士八十寿辰活动留影

1995 年，汪德熙（前排左一）参加北师大附中老校友聚会

20 世纪 90 年代，汪德熙（前排左一）与冀中抗日战友合影

艺术情怀 胜友如云

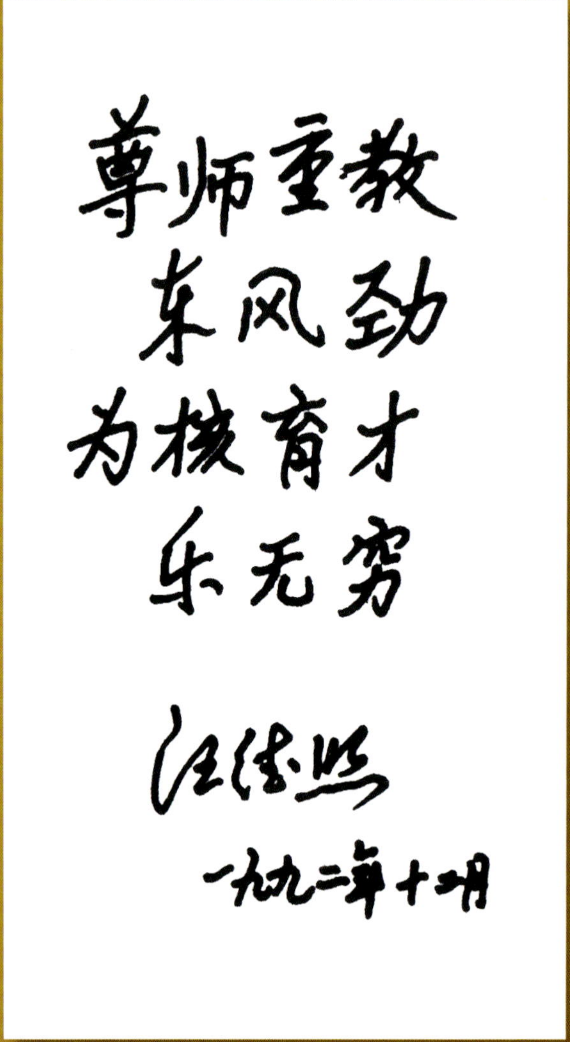

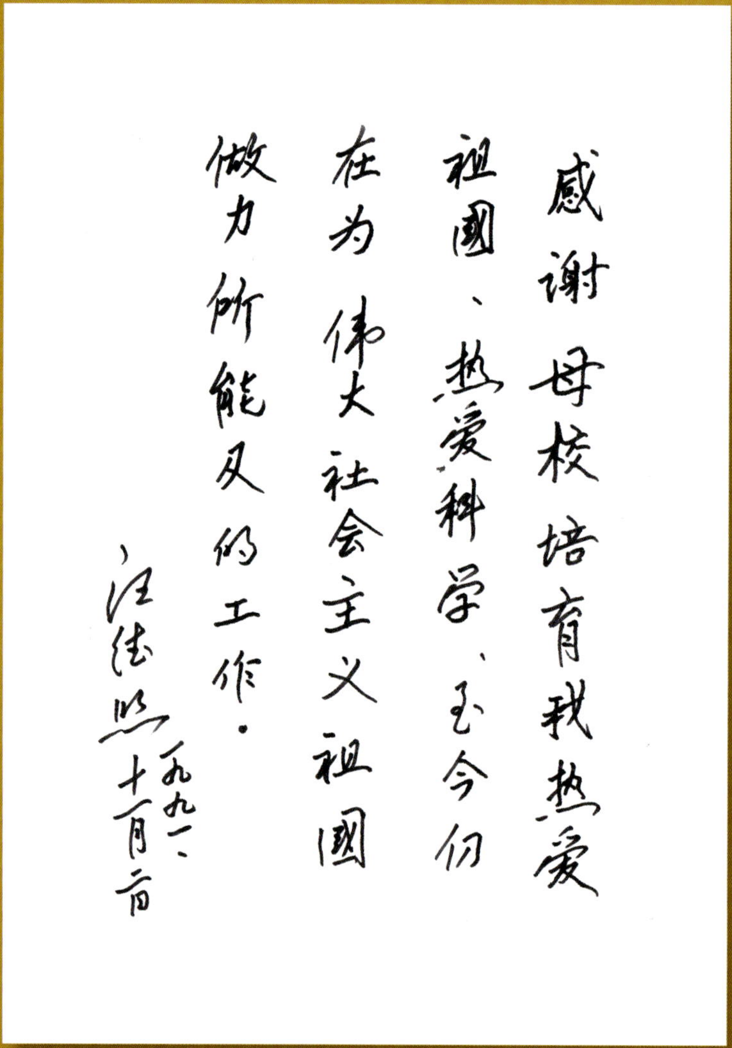

汪德熙留下的墨宝

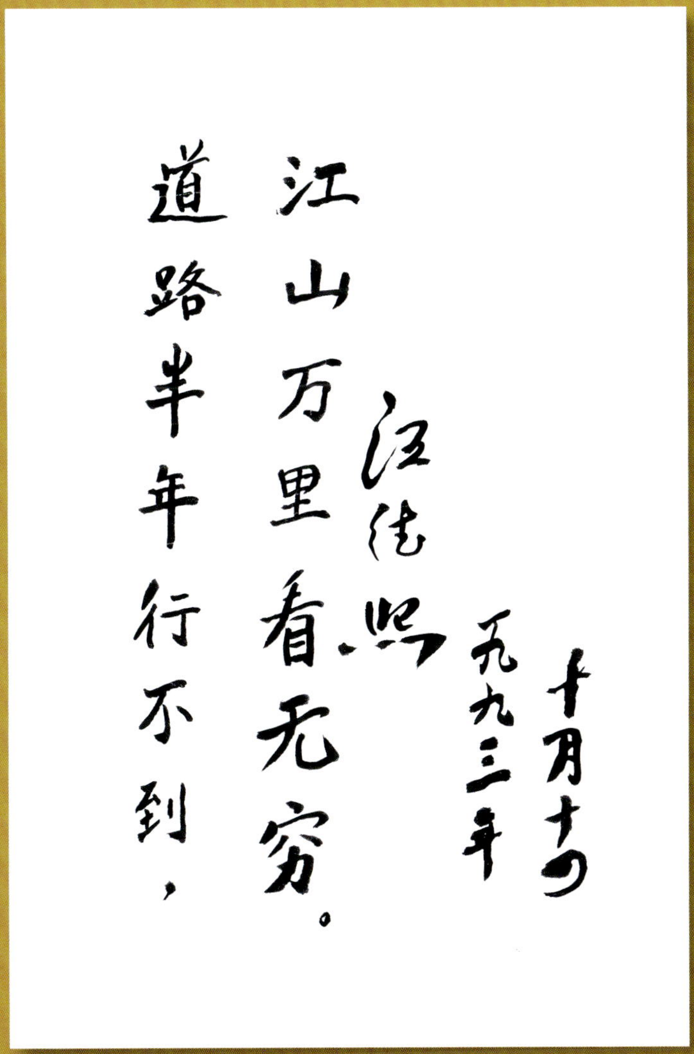
江山万里看无穷。
道路半年行不到，
汪德熙
一九九三年十月十四

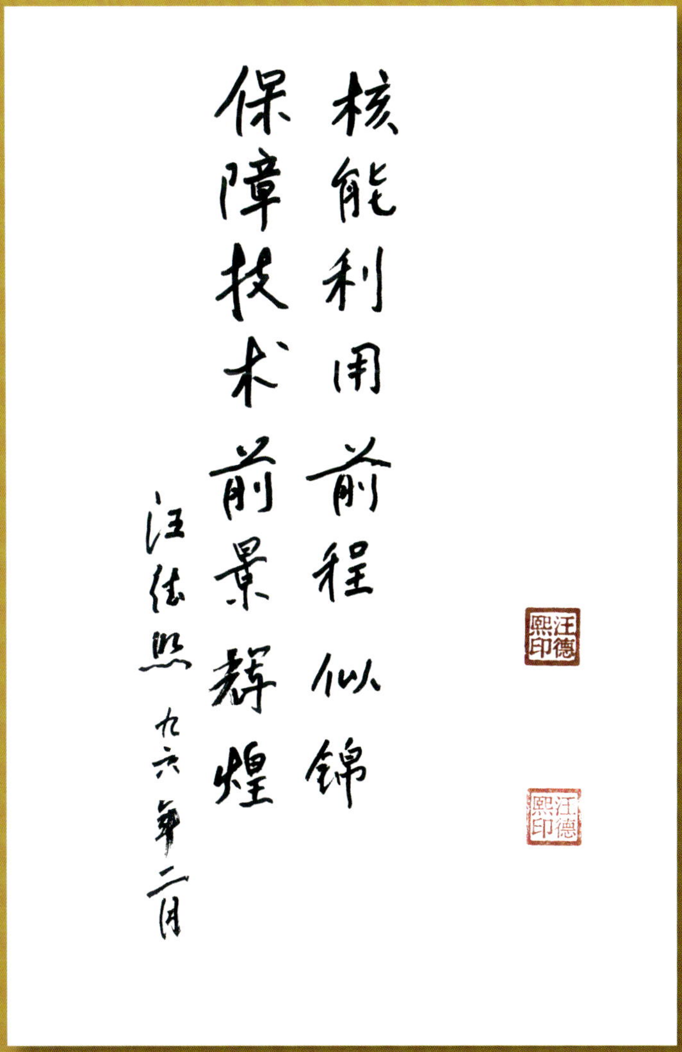
核能利用前程似锦
保障技术前景辉煌
汪德熙 九六年二月
汪德熙印
汪德熙印

年谱

1913 年

汪德熙出生于北京

1929 年

以优异的成绩考入北师大附中

1931 年

以优异的成绩考入清华大学化学系

1935 年

以优异的成绩考入清华大学研究生院，跟随张大煜导师，在工业化学方面继续深造

1938 年 2 月至 5 月

任教中国大学化学系

1938 年 7 月至 10 月

在八路军冀中军区供给部从事化工技术工作

1938 年年底

任教西南联合大学

1941 年

以优异的成绩考入麻省理工学院

1946 年

获得麻省理工学院博士学位后，放弃留美工作的机会，毅然决定回国

1947 年

任教南开大学化学系

1952 年

全国院校调整，调入天津大学担任化学系主任

1956 年 3 月

加入中国共产党

1960 年冬

调入第二机械工业部，从事核化工事业

1980 年 11 月

当选为中国科学院院士

1983 年

任中国原子能科学研究院科学技术委员会主任委员，核工业部科学技术委员会常务委员

1985 年

筹建核工业研究生部，任中国核工业总公司研究生部主任（第一任）

1990 年

任中国核学会第三届理事长

1991 年

任核工业总公司科学技术委员会高级顾问，核工业研究生部名誉主任

1999 年

获何梁何利基金科学与进步奖

2006 年 8 月 8 日

在北京逝世，享年 93 岁

后 记

几十年来，几代核工业人艰苦创业、开拓创新，推动我国核工业从无到有、从小到大，取得了世人瞩目的成就，为国家安全和经济建设作出了突出贡献。在几代核工业人之中，核科学家无疑是其中最引人注目的群体之一。

2019 年，中共中央办公厅国务院办公厅印发《关于进一步弘扬科学家精神加强作风和学风建设的意见》，指出要引导广大科技工作者在践行社会主义核心价值观中走在前列，争做重大科研成果的创造者、建设科技强国的奉献者、崇高思想品格的践行者、良好社会风尚的引领者。为了响应号召，进一步弘扬科学家精神，我们组织编写《中国核学会科学家画册》系列丛书，通过讲述核科学家的故事，更生动地诠释科学家精神，感受他们心底的那份对祖国的爱、对家人温暖和对事业的执着。

在本书编写过程中，汪德熙院士的子女提供了大量丰富详实的资料。在此，向汪德熙院士的子女表示感谢。此外，在本书编写过程中，还得到了其他一些机构和个人的帮助，在此一并致谢。